Vorwort

Als ich mein erstes Buch über die Papierblumenanfertigung schrieb, habe ich mir gewünscht, daß viele Menschen dies als neues Hobby wählen.

Heute weiß ich, daß dieser Wunsch in Erfüllung gegangen ist, denn viele wunderschöne Blumen und Dekorationen sind inzwischen entstanden.

Machen wir also weiter. Es gibt eine Fülle neuer Ideen und ich hoffe natürlich, daß Sie auch diesmal wieder angeregt werden, schöne Papierblumen anzufertigen. Die Verwendungsmöglichkeiten sind vielfältig – man bindet einen kleinen Strauß als Mitbringsel, dann macht man einen dekorativen Kranz für den Tisch oder als Wandschmuck. Besondere Freude bereiten Geschenke, die mit einer hübschen Papierblumendekorattion versehen sind.

Die Anfertigung der Blumen ist sehr einfach und macht schon kleinen Bastlern viel Freude. Es gibt nur sehr wenig Abweichungen bei der Technik, viele Vorgänge wiederholen sich und man lernt schnell, mit dem Material umzugehen. Die Schritt-für-Schritt-Aufnahmen zeigen deutlich, wie die Blumen gemacht werden, und die gezeigten Objekte lassen sich leicht nacharbeiten.

Material

Kreppapier in verschiedenen Farben
Dünnen Wickeldraht von der Rolle
Dickeren Draht von der Rolle
oder gebündelt
Klebstoff, z. B. UHU flinke flasche
Pfeifenputzer in verschiedenen Farben
Blütenstempel aus dem Bastelgeschäft
Dünnen Silberdraht
Zubehör für Kränze
Papierband

Inge Walter

Papierblumen
aus Krepp

Frech-Verlag Stuttgart

Auflage: 6. 5. 4. | Letzte Zahlen
Jahr: 1996 | maßgebend

frech-verlag

ISBN 3-7724-1545-8 · Best.-Nr. 1545 GmbH + Co. Druck KG Stuttgart · Druck: Frech, Stuttgart 31

Ein paar Worte zur Technik

Kreppapier läßt sich gut verarbeiten, wenn man ein paar Dinge berücksichtigt. Es läßt sich ziehen und raffen, und man weiß sehr schnell, wie man diese Vorteile einsetzen kann. Sollte mal ein Blatt einreißen, wird ein neues geschnitten oder man verändert durch leichtes Nachschneiden einfach die Form.
Experimentieren Sie mit Farben und Formen: eine kleine Veränderung bedeutet oft eine ganz neue Blume.
Einige Blüten sehen besser aus, wenn sie aus doppelt zusammengeklebtem Papier hergestellt werden. Für Blätter möchte ich fast grundsätzlich doppeltes Papier empfehlen. Wer viele Blumen basteln möchte, kann sich mit FCKW-freiem Sprühkleber einen Vorrat an doppeltem Krepp vorbereiten.
Für Fensterdekorationen sollten Sie die hellen Farben wie Gelb, Weiß und Grün vorziehen, weil die anderen am Fenster sehr schnell ausbleichen.
Beachten Sie bitte, daß Kreppapier stark abfärbt, wenn es naß wird. Das hat aber auch seine guten Seiten. Man kann auf vielfache Weise die Farben verändern oder sich eine völlig neue Farbe mischen.

Einfärben von Blütenrändern

Ein kleines Stück Kreppapier in der gewünschten Farbe wird naß gemacht. Dann streicht man sehr vorsichtig mit den Blütenrändern über das farbige Papier, um diese in der Farbe des Papierstückchens einzufärben.

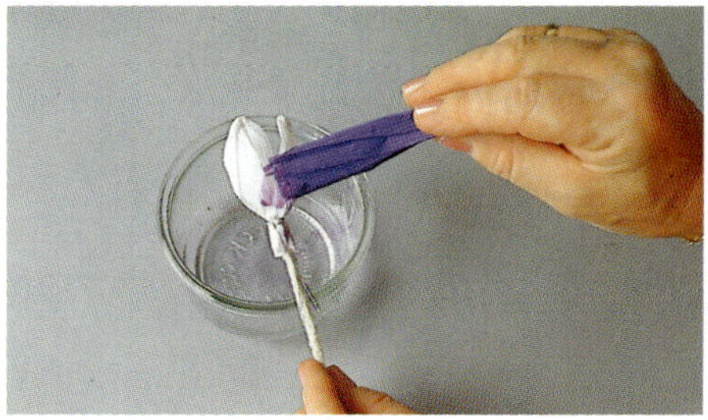

Papier zweifarbig färben

Man nimmt ein Gefäß, legt einen Streifen der gewünschten Farbe hinein, gibt etwas Wasser dazu und stellt das leicht aufgerollte Kreppapier hinein. Warten Sie nun, bis die Farbe weit genug aufgestiegen ist.

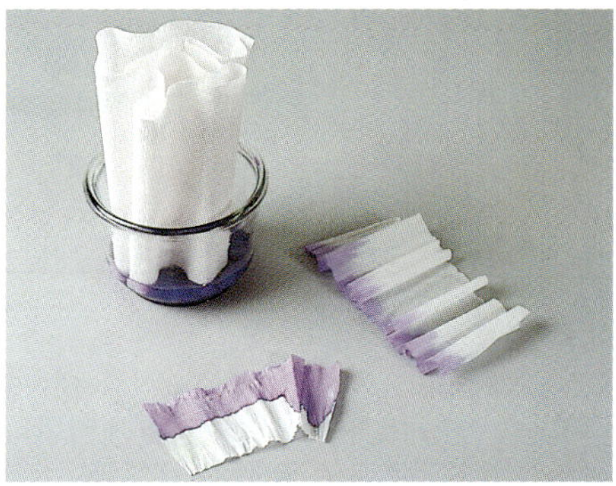

Neue Farben mischen

Hierzu schneidet man einen Streifen von jeder Farbe ab, z. B. Weiß und Rosa oder Pink. Man legt die Streifen übereinander, sprüht sie mit Wasser an und rollte sie dann zusammen. Erst nach dem Trocknen werden sie vorsichtig aufgerollt. Auf diese Weise entstehen immer wieder neue Farben.
Ziehen Sie beim Färben des Papiers immer Gummihandschuhe an.

Kräftige Farben ausbleichen lassen

Es gibt Farben, die erst natürlich wirken, wenn sie etwas ausgebleicht sind. Legen Sie dieses Papier ein paar Tage auf die Fensterbank, bis der gewünschte Farbton erreicht ist. Aus einem kräftigen Rosa wird so ein Zartrosa.

Das Andrahten der Blütenblätter

Sie schneiden einen dicken Draht von der Rolle oder Stengeldraht vom Bündel in der gewünschten Länge zu. Bei kleineren Blumen bevorzuge ich Pfeifenputzer aus dem Tabakladen.
Am oberen Ende wird eine Öse gemacht, damit die Blütenblätter nicht so leicht abrutschen. Man kann schon nach zwei oder drei Blütenblättern mit dem Andrahten beginnen. Wenn Sie mehr Übung haben, werden Sie sicher viele Blätter auf einmal halten können und diese dann zusammen andrahten.
Der Wickeldraht sollte nach unten, in Richtung Stengel, zeigen. Man kann dann den Daumen draufhalten und kräftiger wickeln.

Blütengröße

Bis auf die Wiesenblumen gibt es fast alle Blumen in sehr unterschiedlichen Größen. Eine Rose oder eine Dahlie ist nie genormt. Sie bestimmen selbst, wie groß die Blumen werden sollen und schneiden dementsprechend die Blütenblätter und Blätter zu.

Der Stengel

Wenn die Blüte fertig ist, wird der Stengel umwickelt. Diese Technik ist bei allen Blumen gleich und wird deshalb von mir nur einmal beschrieben. Beachten Sie bitte die Schritt-für-Schritt-Aufnahme bei der Aster auf Seite 22.
Von der ganzen Lage des grünen Krepppapiers schneiden Sie einen ca. 2 cm breiten Streifen ab (bei kleinen Blumen etwas schmäler). Mit diesem Streifen wird der Stengel dann umwickelt. Fangen Sie einige Zentimeter unterhalb der Blüte an und wickeln dann in Richtung Blütenblätter. Umwickeln Sie den Blütenkelch so, daß man keinen Draht sieht. Wenn Sie ein Tröpfchen UHU zuhilfe nehmen, geht es leichter. Nun wird von oben nach unten der Draht umwickelt, die vorgesehenen Blätter werden dabei mit eingearbeitet.

Sie können auch Floristenband zum Umwickeln des Stengels nehmen, sollten dann aber darauf achten, daß es farblich zu den Blättern paßt.
Verwenden Sie für die Blätter vorzugsweise warmes Lindgrün, es sieht sehr natürlich aus und paßt zu allen Blumen. Die vielen Grüntöne, die es beim Krepppapier gibt, sind fast alle zu grell.
Bei Blumen, die mehrere Blüten haben, wird zunächst eine Blüte oder Knospe an einem längeren Draht befestigt. Die anderen Blüten bekommen dann kürzere Stengel und werden nach und nach im gewünschten Abstand am Hauptstengel festgemacht.
Ist der Stengel bis unten umwickelt, wird der Streifen abgeschnitten und mit einem Tropfen UHU befestigt.

Die Blätter

Für die Blätter nehme ich – außer bei kleineren Blumen, am liebsten doppelt zusammengeklebtes Papier. Bei einigen Arten wird ein Draht miteingearbeitet, um dem Blatt eine bessere Stabilität zu geben.
Wenn man echte Blätter trocknet, hat man die besten Schablonen. Schneiden Sie die Blätter im Faltschnitt zu, das geht am einfachsten. Am unteren Ende werden sie immer schmal zugeschnitten. Dieses Ende dann verdrehen und Sie haben den Stengel des Blattes.
Nicht alle Blätter, die zu der jeweiligen Blume gehören, lassen sich gut nacharbeiten. Deuten sie aber auf jeden Fall mit ein paar Zacken und Einschnitten die natürlich Blattform an.
Ein Tip, der sich bewährt hat:
Legen Sie sich einen kleinen Vorrat an Blattrohlingen zu, wenn Sie schon einmal am Kleben sind. Frisch geklebtes Papier läßt sich nämlich schlecht zuschneiden. Achten Sie außerdem bei allen Arbeiten darauf, daß sich das Papier in der Breite dehnen läßt.
Schneiden Sie einen Streifen in der gewünschten Breite und Höhe zu, je nach erforderlicher Blattgröße. Streichen Sie ihn nun mit Klebstoff ein und legen den Draht in die Mitte. Er sollte unten einige Zentimeter herausschauen. Dann wird ein gleich großer Streifen aufgelegt und mit dem unteren zusammengeklebt. Wenn Sie nun eine Blume basteln wollen, können Sie schnell ein passendes Blatt daraus machen.
Natürlich kann man das Blatt auch in seiner richtigen Form zuschneiden: äußeren Rand und bei Bedarf die Mittellinie mit Klebstoff einstreichen und zusammenkleben. Probieren Sie aus, was Ihnen besser gefällt.
Wer goldene Blätter liebt, kann diese mit etwas Klebstoff einstreichen und Glimmerpulver aufstreuen.

Wiesenblumen

Geht es Ihnen nicht auch so: Sie machen einen Spaziergang und stellen fest, daß Sie nur noch wenige Wiesenblumen benennen können. Dann wird es Zeit, daß Sie sich einmal einen Wiesenstrauß machen. Viele Blumen eignen sich zum Nachbasteln, und nebenbei lernt man auch wieder ihre Namen kennen.
Wiesenblumen eignen sich besonders gut für Fensterbilder oder als Dekoration. Machen Sie doch einmal eine bunte Sommerwiese.
Ich stelle hier einige Wiesenblumen vor, sicher werden Sie dann noch einige andere versuchen.
Nehmen Sie für die Stengel den dünnen Draht, damit die Stengel nicht zu dick werden. Grundsätzlich sollten Sie beachten, daß diese kleinen Blüten sich am besten anfertigen lassen, wenn der abgeschnittene Kreppapierstreifen erst einmal zusammengelegt wird und dann jeweils von links und rechts über das mittlere Drittel gefaltet wird. Das Papier liegt dann 6fach zusammen. Werden nur fünf Blütenblätter gebraucht, schneidet man einen Streifen ab.

Glockenblume

Beginnen Sie mit den Blütenblättern. Ein Streifen Kreppapier in der gewünschten Farbe (Blau, Lila, Pink) von 6 cm Breite und 5 cm Höhe in oben beschriebener Weise zusammenlegen. Er liegt dann 6fach vor Ihnen und ist jetzt etwa 1 cm breit. Messen Sie von unten 3 cm ab und schneiden das obere Stück zu einer Spitze. Nach dem Aufklappen wird ein Streifen abgeschnitten. Der Rest mit den fünf Spitzen wird nun einmal um den Stengel herumgelegt und angedrahtet. Dehnen Sie dann die fünf Spitzen von außen ganz leicht mit Daumen und Zeigefinger, so entsteht die Glokkenform. Jetzt wird der Stengel umwikkelt und kleine, grasähnliche Blätter miteingearbeitet. Zum Schluß biegen Sie den Blütenkopf so, daß er wie eine Glocke nach unten hängt.

Heidenelke

Ein pinkfarbener Kreppapierstreifen von 6 cm Breite und 5 cm Höhe wird auf die oben genannte Weise 6fach zusammengelegt. Der Streifen wird seitwärts 2 cm tief eingeschnitten. Dann werden die Blütenblätter, wie auf der Zeichnung beschrieben, zurechtgeschnitten.
Einige weiße Blütenstempel (aus dem Bastelgeschäft) werden um den Stengel angedrahtet. Dann wird das Kreppapier, von dem ein Streifen abgeschnitten wurden, gerafft einmal um den Stengel herumgewickelt.
Die Blätter sind grasähnlich.

Sonnenröschen

Ein weißer Kreppapierstreifen von 6 cm Breite und 5 cm Höhe wird auf die bekannte Weise für die Blüte zusammengelegt. Ab 3 cm Höhe wird für die Blüte eine kleiner, runder Bogen geschnitten. Es werden wieder nur fünf Blütenblätter gebraucht, also schneidet man einen Streifen ab. Um die Öse vom Stengeldraht wird ein kleines Stück gelbes Kreppapier wie eine Knolle angedrahtet. Dann wird der Papierstreifen einmal um den Stengel gelegt; er wird dabei leicht gerafft.
Die Blätter sind grasähnlich.

Huflattich

Sie schneiden einen Streifen aus gelbem Kreppapier, der ca. 20 cm breit und 4 cm hoch sein soll. Dieser wird dann mehrfach zusammengelegt. Von oben her werden bis etwa zur Hälfte feine Streifen eingeschnitten.
Nun wird der auseinandergefaltete Streifen um den Stengel gewickelt und angedrahtet. Biegen Sie die äußeren Blütenstreifen nach außen, die in der Mitte werden etwas kürzer nachgeschnitten.
Die Blätter sind nierenförmig.

Hahnenfuß

Schneiden Sie aus mehrfach zusammengelegtem gelben Kreppapier einzelne Blütenblätter zu. Diese sind ca. 4 cm hoch und 1 cm breit. Oben werden sie bogenförmig geschnitten, unten laufen sie schmal zu. Jede Blume hat fünf Blütenblätter, deshalb einen Streifen abschneiden.

Am Stengel werden einige weiße oder gelbe Blütenstempel befestigt. Dann werden nach und nach die Blütenblätter (vorher leicht andrahten) um die Blütenmitte herum mit Draht befestigt.

Die Blätter sind breit und gezackt.

Trollblumen werden genauso angefertigt, sie haben nur mehr und etwas größere Blütenblätter, die vor dem Befestigen von innen stark gedreht werden müssen, damit die bauchige Form entsteht.

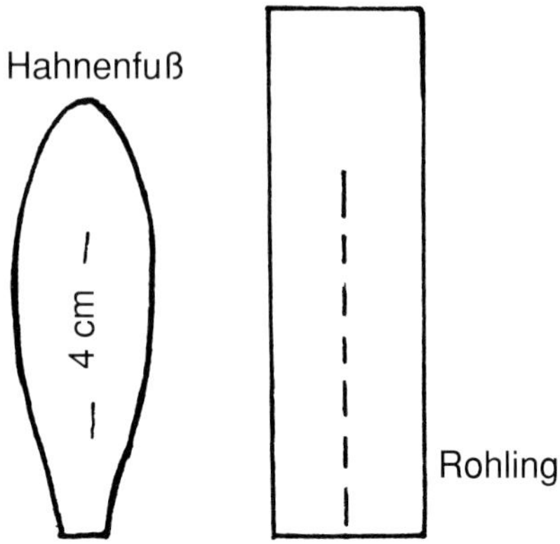

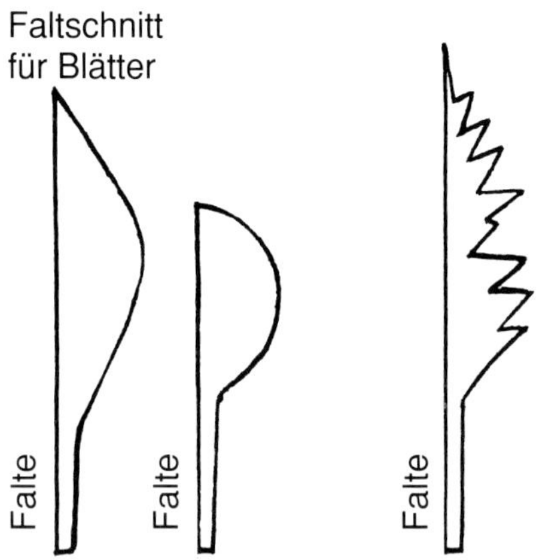

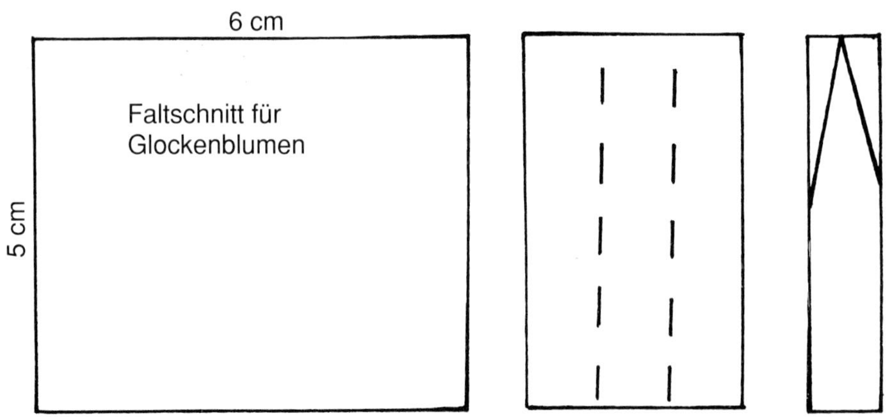

Krokusse

Krokusse werden in meinem ersten Buch zwar schon ausführlich beschrieben, aber weil diese Technik von allen anderen abweicht, stelle ich sie hier noch einmal vor. Man kann außerdem sehr schöne Herbstzeitlosen auf diese Weise machen. Dabei wird die Blüte eingefärbt und der Stengel weiß umwickelt.

Schneiden Sie drei bis fünf Streifen aus, die 13 cm hoch und 4 cm breit sind. Diese werden in der Mitte zu einer Schleife verdreht. Sie legen die beiden Hälften übereinander und dehnen sie im oberen Teil leicht aus. Die Blütenblätter werden dann leicht versetzt um den Stengel herum angedrahtet.

Die Stengel sind lang und spitz und zum Teil länger als die Blüte. Krokusse eignen sich besonders gut für hübsche Kränze und Dekorationen zur Osterzeit.

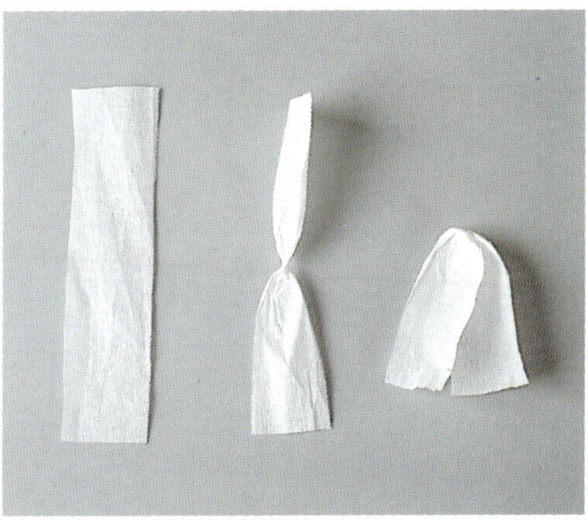

Sommerzeit – Rosenzeit

Rosen kann man auf verschiedene Weise gestalten. So bunt und vielfältig, wie sie in der Natur wachsen, reizen sie immer wieder zum Nachahmen.
Besonders duftig sehen die Hecken- und Buschrosen aus, von denen immer viele an einem Stengel sitzen. Hier sollte man deshalb besonders viele Blätter einarbeiten, das gibt diesen Blumen den besonderen Reiz.

Schneiden Sie für jede Blüte fünf gleich große Blätter aus 5fach zusammengelegtem Papier zu. Sie sind breit und bogenförmig geschnitten, nach unten werden sie schmäler.
Bereiten Sie Blüten in unterschiedlicher Größe vor. Als Stengel dienen 6 bis 8 cm lange gelbe Pfeifenputzerstücke. Drehen Sie diese am oberen Ende zu einer kleinen Schnecke, die anschlie-

ßend umgebogen wird. So haben Sie einen hübschen Mittelpunkt. Außer bei den Knospen werden um diesen dann einige gelbe oder weiße Blütenstempel befestigt.
Die Knospen bekommen drei bis fünf kleine, rund geschnittene Blütenblätter, die stark von innen gedehnt werden, damit sie die runde Form erhalten. Sie werden dann versetzt angebracht, bis die Knospe geschlossen ist. Anschließend grüne Kelchblätter anbringen.
Schneiden Sie dazu einen 4 cm hohen Kreppapierstreifen, der mehrfach zusammengelegt ist, und eine Anzahl Kelchblätter auf einmal aus. Je nach Blütengröße werden die Kelchblätter einmal um die Streifen herum gedrahtet oder geklebt. Bei den geöffneten Blüten werden fünf Blütenblätter, die im oberen Teil leicht gedehnt wurden, nach und nach um die Blütenmitte mit Draht befestigt.
Auch bei den größeren Blüten sieht ein grüner Kelch sehr dekorativ aus. Anschließend werden die kurzen Stengel mit grünem Band oder einem Kreppapierstreifen umwickelt.
Nun befestigen Sie die erste Blüte oder Knospe an einem langen Stengeldraht, indem Sie von oben nach unten den Stengel mit dem grünen Papierstreifen umwickeln. Dabei werden dann nach und nach die anderen Blüten angebracht.

Dekorative Rosen

Diese Rosen sind besonders beliebt. In vielen Geschäften kann man sie – für viel Geld – kaufen, und man sieht sie immer häufiger in Gestecken und als Dekorationen. Dabei ist es ganz einfach, sie selbst zu machen.
Die Blätter werden, je nach gewünschter Größe, breit und bogenförmig zugeschnitten. Ich nehme hier gerne das kräftigere Gärtnerkreppapier. In vielen Bastelgeschäften gibt es auch fest verdrehte Papierbänder, die sich sehr gut für diese Technik eignen. Man muß sie natürlich auseinanderziehen (wenn Sie die Bänder eine Weile ins Wasser legen, geht es besser). Dieses Band ist übrigens farbecht und für festliche Dekorationen besonders geeignet. Probieren Sie einfach mal alles aus.
Die Arbeitsweise ist bei allen Papierarten gleich. Nach dem Ausschneiden der Blätter werden diese gedehnt. Durch leichtes Vor- und Zurückziehen wird der Blütenrand wellig.
Eine andere Variante ist das Aufrollen der Blütenblätter. Hierzu nimmt man eine Stricknadel oder einen Schaschlikstab. Ziehen Sie alles ein bißchen in die Breite und drehen die Nadel wieder heraus.
Auf dem Bild rechts ist diese Technik zu sehen, man erkennt dort auch die Form der Blütenblätter.
Ich nehme für eine Rose immer drei verschiedene Blütenblattgrößen. Zuerst

werden die kleineren Blätter unter Raffen befestigt, dann nach und nach die größeren, bis die Rose so füllig ist, wie Sie sie haben möchten.
Ganz besondere Mühe sollte man sich mit den Rosenblättern geben, es lohnt sich auf jeden Fall. Sie haben drei, fünf oder auch sieben Blätter an einem Stengel. Schneiden Sie diese doppelt zu, und kleben Sie dann in jedes Blatt einen Silberdraht mit ein. Ein Draht sollte länger sein als die anderen, das ist dann der Blattstengel. An diesem werden die anderen seitlich, sich gegenüberliegend, angebracht.
Besonders schön werden die Blätter, wenn man die Ränder zweimal mit einer Zackenschere beschneidet, dabei wird bei der zweiten Runde die Schere leicht versetzt, so bekommt man schöne kleine Zacken. Sie können auch noch mit der Stricknadel o.ä. Strukturen in die Blätter zeichnen; es entstehen so wunderschöne, naturalistische Blätter. Auch ein Hauch Sprühlack kann viel bewirken.

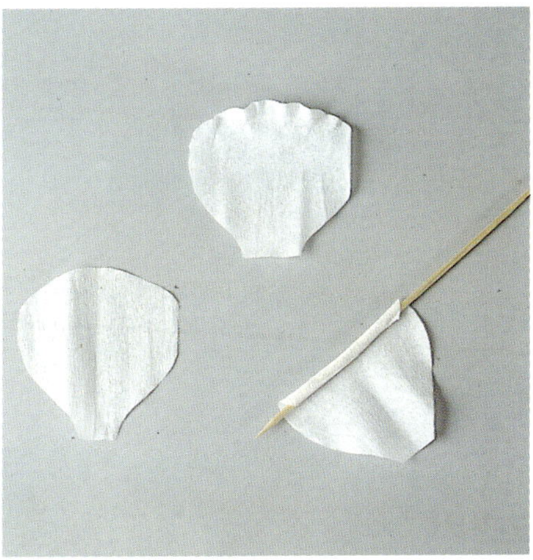

Malve

Man schneidet einen zweifarbigen Streifen von ca. 15 cm Breite und 7 cm Höhe und legt ihn mehrfach zusammen. Schneiden Sie nun den Streifen oben leicht bogenförmig (konvex) ein.
Das obere Ende vom Stengel wird mit einem kleinen, runden Stück weißen Kreppapiers umwickelt. Ein 2 cm hoher und 3 cm breiter schwarzer Streifen wird von oben fein eingeschnitten und um die weiße Mitte herum verdreht. Anschließend wird der zweifarbige Streifen unter Raffen um den Mittelpunkt herumgelegt und angedrahtet.
Die Blätter sind fingerförmig. Es sitzen mehrere Blüten an einem Stengel.

Winde

Diese Blume wird auf die gleiche Weise wie die Malve angefertigt. Der Streifen sollte rosa oder weiß sein, 6 cm hoch und 12 cm breit. Legen Sie das Papier 6fach zusammen und schneiden oben kleine, runde Bogen aus. Nach dem Andrahten werden die Blütenblätter von außen gedehnt und dabei leicht nach hinten gebogen.

Dahlie

Schneiden Sie für die Blüte einen Krepppapierstreifen von 10 cm Höhe und 40 cm Breite. Er wird mehrfach zusammengelegt und von oben her ca. 1 cm breit eingeschnitten, und zwar bis ca. 2 cm von unten. Die Streifen werden nun am oberen Ende leicht verdreht. Anschließend um den Stengel herumwickeln und dabei raffen.

Die Blätter werden auf die gleiche Weise wie Rosenblätter angefertigt, sie sind nur größer, ebenso die Zacken am Rand.

Astern

Sie schneiden einen Kreppapier-Streifen von ca. 5 cm Höhe und 30 bis 40 cm Breite für die Blüte. Dieser wird mehrfach zusammengelegt und von oben her fein eingeschnitten.
Das obere Ende eines gelben Pfeifenputzers wird zu einer Schnecke verdreht und umgebogen. Um diesen Mittelpunkt herum wird der Streifen dann unter Raffen mehrmals herumgelegt und angedrahtet. Anschließend den Blütenrand mit der Schere gleichmäßig abschneiden.

Man kann die Blütenblätter, über den Scherenrücken ziehend, ein bißchen nach hinten krümmen.
Astern kann man auch ohne den gelben Mittelpunkt machen. Besonders reizvoll werden sie, wenn man mit der fertigen Blume einige Male über einen nassen Teller streicht und sie dann trocknen läßt.
Die Blätter sind auf dem Foto gut zu erkennen. Arbeiten Sie hier auch ein wenig Naturmaterial mit ein, das sieht sehr hübsch aus.

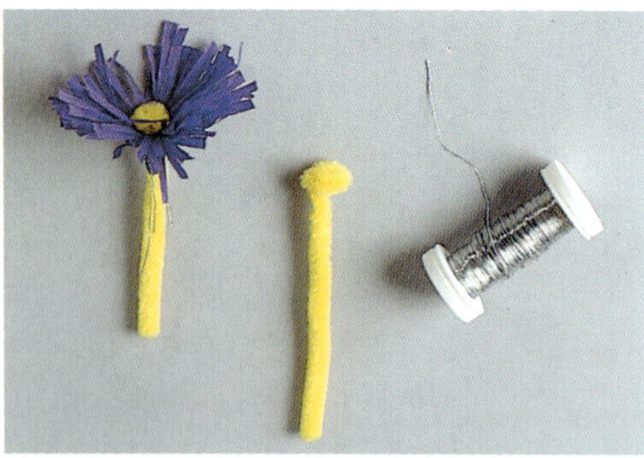

Tagetes

Eine hübsche Blume, die leicht anzufertigen ist. Sie erkennen auf dem Bild deutlich, wie die Blüten nachträglich gefärbt wurden. Diese Technik können Sie auch an anderen Blumen ausprobieren. Sie wird auf Seite 5 ausführlich beschrieben.
Sie schneiden für die Blüte einen Krepppapierstreifen von ca. 5 cm Höhe und 30 bis 40 cm Breite, der mehrfach zusammengelegt und anschließend von oben bis zur Hälfte in Streifen geschnitten wird.
Dieser Streifen wird dann unter Raffen um den Stengel herumgewickelt und angedrahtet. Schneiden Sie jetzt mit der Schere die Form rundlich nach. Anschließend streichen Sie leicht mit der fertigen Blume über ein nasses, rotes Kreppapierstück.

Lilie

Sie sieht zwar sehr aufwendig und kompliziert aus, ist aber ganz leicht nachzuarbeiten. Sie haben jetzt ja auch schon einige Übung im Herstellen von Blumen mit vielen Blüten.

Für die Lilien sollte man doppeltes Kreppapier in der gewünschten Farbe verwenden. Falten Sie das Papier wie bisher und schneiden Sie für jede Blüte sechs Blütenblätter in der vorgesehenen Größe zu. Diese haben eine ganz normale Blattform.

Gekaufte Blütenstempel, die lang und flauschig sein sollten, werden oben am kurzen Stengel befestigt. Drahten Sie nun zuerst drei Blütenblätter rund um die Mitte an, anschließend werden die restlichen drei auf die Lücken gelegt und auch angedrahtet.

Die Blütenblätter werden von außen gedehnt und stark nach hinten gebogen. Dann wird der kurze Stengel grün umwickelt.

Für die Knospen schneiden Sie einige kleinere, schmal geschnittene Blütenblätter zu, die eng um den Stengel gewickelt werden. Die erste Knospe wird am langen Stengeldraht befestigt, nach und nach werden die anderen Blüten angebracht.

Schmucklilie

Diese aufwendige Blume ist sehr dekorativ. Sie besteht aus vielen kleinen Blüten, je nach Größe fertigt man ca. 10 bis 15 Blüten an. Der Wickedraht dient als Stengel. Schneiden Sie aus vielfach zusammengelegtem Papier viele Blütenblätter auf einmal zu. Diese sind ca. 7 cm hoch und 2 cm breit und sind oben rund zugeschnitten.
Zwei Blütenblätter liegen sich gegenüber, zwei weitere werden links und rechts daneben angebracht. Lassen Sie von dem Wickeldraht etwa 10 cm hängen, bevor Sie mit dem Andrahten beginnen. Dann wird angedrahtet und wieder ein 10 cm langer Draht stehengelassen. Nun haben Sie ein doppeltes Drahtstück, das den Stengel bildet. Es wird mit grünem Papier- oder Floristenband umwickelt.
Die Blütenblätter werden im oberen Bereich von hinten gedehnt und dabei umgebogen, so daß eine schöne Blüte entsteht. Wenn Sie genügend Blüten angefertigt haben, werden diese wie ein Blumenstrauß zusammengefaßt und an dem festen Stengeldraht befestigt. Ordnen Sie anschließend die Blüten so an, daß sie einen Ball bilden.
Die Blätter sind lang und spitz.

Geschenke schön verpacken

Ich nehme gerne Seidenpapier zum Verpacken. Das gibt es in vielen schönen Farben und es ist umweltfreundlich; das sollte man nicht vergessen. Eine Rose, eine Dahlie oder eine kleine Blütenrispe geben dem Geschenk den letzten Pfiff.

Die Blütenrispe wird aus vielen kleinen Blüten in beliebiger Form gemacht. Die Stengel sind kurz. Die einzelnen Blumen werden dann an einem längeren Stengel angebracht. Zur Weihnachtszeit sehen goldene Mittelpunkte besonders festlich aus.

Spinnen

Besonders beliebt sind in meinen Kursen die Spinnen. Sie sehen täuschend echt aus und wirken besonders gut, wenn man sie mit Tannengrün in eine Vase stellt.
Die Machart ist denkbar einfach. Sie schneiden, je nach gewünschter Fülle, einen Kreppapierstreifen von ca. 10 cm Höhe und 30 bis 60 cm Breite zu. Dieser wird mehrfach zusammengelegt. Dann werden bis etwa 3 cm vor dem unteren Rand 1 cm breite Streifen eingeschnitten. Diese werden in der gesamten Länge zwischen Daumen und Zeigefinger verdreht. Ich schneide den Streifen immer aus der ganzen Lage, dann habe ich einen Vorrat.

Der Stengel bekommt eine kleine Knolle am oberen Ende. Dazu schneidet man einen Kreis von ca. 6 bis 8 cm Durchmesser und legt etwas Watte hinein. Diese Knolle wird nun angedrahtet. Anschließend wird unter Raffen der Streifen mehrmals um die Mitte herumgelegt und ebenfalls angedrahtet. Machen Sie die Blüten in verschiedenen Größen.

Weihnachtsstern

In der Vorweihnachtszeit bastelt man besonders gern. Schmücken Sie Ihren Tisch doch mal mit einem Weihnachtsstern. Sein leuchtendes Rot verbreitet festliche Stimmung.

Den Weihnachtsstern kann man mit verschiedenen Mittelpunkten herstellen. Ich nenne hier einige Möglichkeiten:

1. Gekaufte Blütenstempel (grün, gelb und rot) werden gemischt um den Stengel gedrahtet.
2. Gekaufte goldene Mittelpunkte sehen besonders weihnachtlich aus.
3. Sie machen die Blütenblätter selbst aus gelben, roten und grünen Kreppapierstreifen, die eingeschnitten werden. Die Streifen werden anschließend verzwirbelt. Man legt die drei Streifen aufeinander (ca. 4 cm breit) und rollt sie um den Stengel. Evtl. muß man sie nach dem Andrahten etwas kürzen.

Schneiden Sie jetzt Blütenblätter in drei verschiedenen Größen zu. Legen Sie zuerst einige kleine Blütenblätter um die Mitte herum, dann einige mittlerer Größe, mit den großen wird abgeschlossen. Ich nehme jeweils 5 bis 7 Blätter für eine Runde. Besonders schön werden die Blüten, wenn Sie das Papier doppelt nehmen.

Die Blätter haben einige sich gegenüberliegende Zacken.

Christrosen

Mit Sträußen und Kränzen aus Christrosen habe ich schon viel Freude bereiten können. Diese Blüten eignen sich sehr gut für festliche Tischdekorationen.

Man kann sie mit gelben, goldenen oder silbernen Mittelpunkten versehen. Sie werden genau so gemacht wie die „Heckenrosen“ auf Seite 12. Im Gegensatz zu diesen haben sie aber immer fünf Blütenblätter, die nach oben spitz zugeschnitten werden.
Unterhalb der Spitze werden sie von innen gedehnt, so entsteht die bauchige Form.